Das geführte 5 Minuten Tagebuch für den Frühling

Mein Name:

Meine Daten:

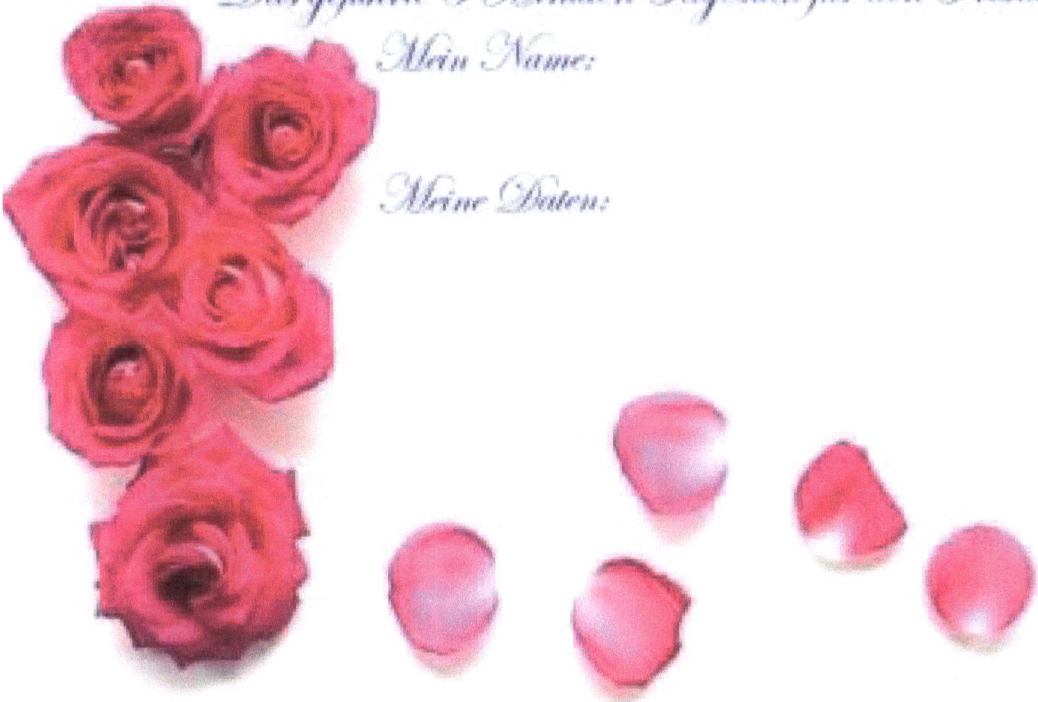

BoD - Books on Demand

Norderstedt, Germany 2020

Bibliografische Information durch die Deutsche Nationalbibliothek

Die Deutsche Nationalbibliothek verzeichnet diese Publikation in der Deutschen Nationalbibliografie; detaillierte bibliografische Daten sind im Internet über http://dnb.dnb.de abrufbar.

Dieses 5 Minuten Tagebuch ist ein geführtes Tagebuch zum Ankreuzen und Ausfüllen! Sie benötigen mehr Seiten zum Selbstschreiben? Dann schauen Sie sich doch einmal unsere weiteren Tagebücher an!

Herstellung und Verlag: BoD – Books on Demand, Norderstedt, Germany

ISBN 9-78375-2-87917-9

Um zur Ruhe zu kommen,
sollten wir unser Leben entschleu-
nigen. Einmal eine gewisse Zeit
das Smartphone zur Seite legen.
Wir sollten uns überlegen,
was wirklich wichtig ist, was uns
gut tut und wie wir zur Ruhe kommen.

ES IST DEIN LEBEN -

ES IST DEINE ZEIT -

ES IST EIN KOSTBARES GESCHENK!

Erkenntnisse, die gewonnen werden, sollten notiert werden.
Damit sie morgen nachgelesen werden können und
in Zukunft gültig sind!
Denn wenn ich heute auf meine Gedanken achte,
werden morgen gute Tate folgen!

Dieses geführte Tagebuch soll dabei helfen zur Ruhe
zu kommen, zu lernen und zu analysieren.
Am Ende des Tages, am Ende vieler Tage, am Ende des
Frühlings siehst Du, ob die erlebten Tage positiv waren
oder ob etwas verändert werden könnte.

Nach dem Frühling kommt der Sommer, dann der Herbst
und dann der Winter - alles als Tagebuch erhältlich!

Datum _______________

Meine Aufgaben heute _________________________________

erledigt

____

____

Der Tag könnte mich überraschen mit

____

____

So beginne ich den Tag ● tolles Gefühl
● gut gelaunt ● glücklich ● unwohl ● zufrieden
● ________________ ● ________________

Der Tag endet nun. Ich fühle mich ● wohl/gut/zufrieden
● erschöpft ● unzufrieden ● ________________

Was ist heute geschehen? _________________________

____

____

____

Was hätte ich besser machen können? _______________

Was war richtig toll heute? _______________________

____

____

Meine Erkenntnisse/was ändere ich ab morgen/demnächst _______

____

____

Alles in allem war es ein guter Tag, an den ich mich gern erinnere?
JA ● es geht so ● NEIN ● ich bin glücklich ●

Datum _______________

Meine Aufgaben heute _________________________________

____

____

Der Tag könnte mich überraschen mit

____

____

So beginne ich den Tag   ○ tolles Gefühl
○ gut gelaunt   ○ glücklich   ○ unwohl   ○ zufrieden

○ ___________________   ○ ___________________

Der Tag endet nun. Ich fühle mich   ○ wohl/gut/zufrieden
○ erschöpft   ○ unzufrieden   ○ ___________________

Was ist heute geschehen? _________________________

____

____

____

Was hätte ich besser machen können? _______________

____

Was war richtig toll heute? _______________________

____

____

____

Meine Erkenntnisse/was ändere ich ab morgen/demnächst _______

____

____

Alles in allem war es ein guter Tag, an den ich mich gern erinnere?
JA ○   es geht so ○   NEIN ○   ich bin glücklich ○

Datum _______________

Meine Aufgaben heute ___________________________________

____

____

Der Tag könnte mich überraschen mit

____

____

So beginne ich den Tag ⬤ tolles Gefühl

⬤ gut gelaunt ⬤ glücklich ⬤ unwohl ⬤ zufrieden

⬤ _____________________ ⬤ _____________________

Der Tag endet nun. Ich fühle mich ⬤ wohl/gut/zufrieden

⬤ erschöpft ⬤ unzufrieden ⬤ _____________________

Was ist heute geschehen? _________________________________

____

____

____

Was hätte ich besser machen können? _____________________

____

Was war richtig toll heute? _____________________________

____

____

____

Meine Erkenntnisse/was ändere ich ab morgen/demnächst _______

____

____

Alles in allem war es ein guter Tag, an den ich mich gern erinnere?
JA ⬤ es geht so ⬤ NEIN ⬤ ich bin glücklich ⬤

Datum _______________   erledigt

Meine Aufgaben heute _________________________________

____

____

Der Tag könnte mich überraschen mit

____

____

So beginne ich den Tag   tolles Gefühl
 gut gelaunt   glücklich   unwohl   zufrieden

 ___________________   ___________________

Der Tag endet nun. Ich fühle mich   wohl/gut/zufrieden
 erschöpft   unzufrieden   ___________________

Was ist heute geschehen? ___________________________

____

____

Was hätte ich besser machen können? _______________

____

Was war richtig toll heute? _______________________

____

____

Meine Erkenntnisse/was ändere ich ab morgen/demnächst _______

____

Alles in allem war es ein guter Tag, an den ich mich gern erinnere?
JA   es geht so   NEIN   ich bin glücklich

Datum _______________

Meine Aufgaben heute _________________________________

____

____

Der Tag könnte mich überraschen mit

____

____

So beginne ich den Tag ⚪ tolles Gefühl
⚪ gut gelaunt ⚪ glücklich ⚪ unwohl ⚪ zufrieden

⚪ ________________ ⚪ ________________

Der Tag endet nun. Ich fühle mich ⚪ wohl/gut/zufrieden
⚪ erschöpft ⚪ unzufrieden ⚪ ________________

Was ist heute geschehen? ________________

____

____

____

Was hätte ich besser machen können? ________________

____

Was war richtig toll heute? ________________

____

____

____

Meine Erkenntnisse/was ändere ich ab morgen/demnächst _______

____

____

Alles in allem war es ein guter Tag, an den ich mich gern erinnere?
JA ⚪ es geht so ⚪ NEIN ⚪ ich bin glücklich ⚪

Datum _______________   erledigt

Meine Aufgaben heute _________________________________

____

____

Der Tag könnte mich überraschen mit

____

____

So beginne ich den Tag   ○ tolles Gefühl
○ gut gelaunt   ○ glücklich   ○ unwohl   ○ zufrieden

○ ___________________   ○ ___________________

Der Tag endet nun. Ich fühle mich ○ wohl/gut/zufrieden
○ erschöpft   ○ unzufrieden   ○ ___________________

Was ist heute geschehen? ___________________________

____

____

____

Was hätte ich besser machen können? _________________

____

Was war richtig toll heute? _________________________

____

____

____

Meine Erkenntnisse/was ändere ich ab morgen/demnächst ______

____

____

Alles in allem war es ein guter Tag, an den ich mich gern erinnere?
JA ○   es geht so ○   NEIN ○   ich bin glücklich ○

Datum _________________   erledigt

Meine Aufgaben heute _______________________________

____

____

Der Tag könnte mich überraschen mit

____

____

So beginne ich den Tag   tolles Gefühl

gut gelaunt   glücklich   unwohl   zufrieden

_________________________   _________________________

Der Tag endet nun. Ich fühle mich   wohl/gut/zufrieden

erschöpft   unzufrieden   _________________________

Was ist heute geschehen? _________________________

____

____

Was hätte ich besser machen können? _________________________

____

Was war richtig toll heute? _________________________

____

____

Meine Erkenntnisse/was ändere ich ab morgen/demnächst _______

____

____

Alles in allem war es ein guter Tag, an den ich mich gern erinnere?

JA   es geht so   NEIN   ich bin glücklich

Datum _______________

Meine Aufgaben heute __________________________________

____

____

Der Tag könnte mich überraschen mit

____

____

So beginne ich den Tag ⚪ tolles Gefühl

⚪ gut gelaunt ⚪ glücklich ⚪ unwohl ⚪ zufrieden

⚪ ____________________ ⚪ _____________________

Der Tag endet nun. Ich fühle mich ⚪ wohl/gut/zufrieden

⚪ erschöpft ⚪ unzufrieden ⚪ ______________________

Was ist heute geschehen? ____________________________

____

____

Was hätte ich besser machen können? ____________________

____

Was war richtig toll heute? __________________________

____

____

Meine Erkenntnisse/was ändere ich ab morgen/demnächst ______

____

Alles in allem war es ein guter Tag, an den ich mich gern erinnere?

JA ⚪ es geht so ⚪ NEIN ⚪ ich bin glücklich ⚪

Datum _______________

erledigt

Meine Aufgaben heute ______________________________________

____

____

Der Tag könnte mich überraschen mit

____

____

So beginne ich den Tag   ⚪ tolles Gefühl
⚪ gut gelaunt   ⚪ glücklich   ⚪ unwohl   ⚪ zufrieden

⚪ __________________   ⚪ __________________

Der Tag endet nun. Ich fühle mich ⚪ wohl/gut/zufrieden
⚪ erschöpft   ⚪ unzufrieden ⚪ __________________

Was ist heute geschehen? ______________________________________

____

____

____

Was hätte ich besser machen können? ______________________________________

____

Was war richtig toll heute? ______________________________________

____

____

____

Meine Erkenntnisse/was ändere ich ab morgen/demnächst _______________

____

____

Alles in allem war es ein guter Tag, an den ich mich gern erinnere?
JA ⚪   es geht so ⚪   NEIN ⚪   ich bin glücklich ⚪

Datum _______________ erledigt

Meine Aufgaben heute _________________________________

____

____

Der Tag könnte mich überraschen mit

____

____

So beginne ich den Tag   ○ tolles Gefühl
○ gut gelaunt   ○ glücklich   ○ unwohl   ○ zufrieden

○ ___________________   ○ _______________________

Der Tag endet nun. Ich fühle mich ○ wohl/gut/zufrieden
○ erschöpft   ○ unzufrieden ○ _______________________

Was ist heute geschehen? _________________________

____

____

____

Was hätte ich besser machen können? _______________

____

Was war richtig toll heute? _______________________

____

____

____

Meine Erkenntnisse/was ändere ich ab morgen/demnächst ______

____

____

Alles in allem war es ein guter Tag, an den ich mich gern erinnere?
JA ○   es geht so ○   NEIN ○   ich bin glücklich ○

Datum _______________

erledigt

Meine Aufgaben heute ___________________________________

____

____

Der Tag könnte mich überraschen mit

____

____

So beginne ich den Tag   ● tolles Gefühl
● gut gelaunt   ● glücklich   ● unwohl   ● zufrieden

● ___________________   ● ___________________

Der Tag endet nun. Ich fühle mich   ● wohl/gut/zufrieden
● erschöpft   ● unzufrieden   ● ___________________

Was ist heute geschehen? ___________________________

____

____

____

Was hätte ich besser machen können? ________________

Was war richtig toll heute? _________________________

____

____

Meine Erkenntnisse/was ändere ich ab morgen/demnächst ______

____

____

Alles in allem war es ein guter Tag, an den ich mich gern erinnere?
JA ●   es geht so ●   NEIN ●   ich bin glücklich ●

Datum _______________   erledigt

Meine Aufgaben heute ____

____

____

Der Tag könnte mich überraschen mit

____

____

So beginne ich den Tag   tolles Gefühl
 gut gelaunt   glücklich   unwohl   zufrieden

 ___________________________   ___________________________

Der Tag endet nun. Ich fühle mich   wohl/gut/zufrieden
 erschöpft   unzufrieden   ___________________________
Was ist heute geschehen? _______________________________________

____

____

Was hätte ich besser machen können? ____________________________

____

Was war richtig toll heute? _____________________________________

____

____

Meine Erkenntnisse/was ändere ich ab morgen/demnächst _________

____

Alles in allem war es ein guter Tag, an den ich mich gern erinnere?
JA   es geht so   NEIN   ich bin glücklich

Datum ________________

Meine Aufgaben heute ____

____

____

Der Tag könnte mich überraschen mit

____

____

So beginne ich den Tag   ⬤ tolles Gefühl
⬤ gut gelaunt   ⬤ glücklich   ⬤ unwohl   ⬤ zufrieden

⬤ ________________________   ⬤ ________________________

Der Tag endet nun. Ich fühle mich   ⬤ wohl/gut/zufrieden
⬤ erschöpft   ⬤ unzufrieden   ⬤ ________________________

Was ist heute geschehen? ________________________

____

____

____

Was hätte ich besser machen können? ________________________

____

Was war richtig toll heute? ________________________

____

____

____

Meine Erkenntnisse/was ändere ich ab morgen/demnächst ________

____

____

Alles in allem war es ein guter Tag, an den ich mich gern erinnere?
JA ⬤   es geht so ⬤   NEIN ⬤   ich bin glücklich ⬤

Datum _______________

Meine Aufgaben heute _________________________________

____

____

Der Tag könnte mich überraschen mit

____

____

So beginne ich den Tag   ● tolles Gefühl
● gut gelaunt   ● glücklich   ● unwohl   ● zufrieden
● ___________________   ● ___________________

Der Tag endet nun. Ich fühle mich   ● wohl/gut/zufrieden
● erschöpft   ● unzufrieden   ● ___________________

Was ist heute geschehen? ___________________________

____

____

____

Was hätte ich besser machen können? _________________

____

Was war richtig toll heute? _________________________

____

____

Meine Erkenntnisse/was ändere ich ab morgen/demnächst _______

____

____

Alles in allem war es ein guter Tag, an den ich mich gern erinnere?
JA ●   es geht so ●   NEIN ●   ich bin glücklich ●

Datum _________________

Meine Aufgaben heute ____

____

____

Der Tag könnte mich überraschen mit

____

____

So beginne ich den Tag   ◯ tolles Gefühl
◯ gut gelaunt   ◯ glücklich   ◯ unwohl   ◯ zufrieden

◯ _______________________   ◯ _______________________

Der Tag endet nun. Ich fühle mich ◯ wohl/gut/zufrieden
◯ erschöpft   ◯ unzufrieden ◯ _______________________

Was ist heute geschehen? _________________________________

____

____

____

Was hätte ich besser machen können? _____________________

____

Was war richtig toll heute? ______________________________

____

____

____

Meine Erkenntnisse/was ändere ich ab morgen/demnächst _______

____

____

Alles in allem war es ein guter Tag, an den ich mich gern erinnere?
JA ◯   es geht so ◯   NEIN ◯   ich bin glücklich ◯

Datum _________________

Meine Aufgaben heute _______________________________

____

____

Der Tag könnte mich überraschen mit

____

____

So beginne ich den Tag   ● tolles Gefühl

● gut gelaunt   ● glücklich   ● unwohl   ● zufrieden

● _______________   ● _______________

Der Tag endet nun. Ich fühle mich   ● wohl/gut/zufrieden

● erschöpft   ● unzufrieden   ● _______________

Was ist heute geschehen? _______________________________

____

____

Was hätte ich besser machen können? _______________________________

____

Was war richtig toll heute? _______________________________

____

____

Meine Erkenntnisse/was ändere ich ab morgen/demnächst _______

____

____

Alles in allem war es ein guter Tag, an den ich mich gern erinnere?

JA ●   es geht so ●   NEIN ●   ich bin glücklich ●

Datum _______________

Meine Aufgaben heute ___________________________________

____

____

Der Tag könnte mich überraschen mit

____

____

So beginne ich den Tag   ◯ tolles Gefühl
◯ gut gelaunt   ◯ glücklich   ◯ unwohl   ◯ zufrieden

◯ ________________   ◯ ________________

Der Tag endet nun. Ich fühle mich ◯ wohl/gut/zufrieden
◯ erschöpft   ◯ unzufrieden ◯ ________________

Was ist heute geschehen? ________________

____

____

____

Was hätte ich besser machen können? ________________

____

Was war richtig toll heute? ________________

____

____

____

Meine Erkenntnisse/was ändere ich ab morgen/demnächst _______

____

____

Alles in allem war es ein guter Tag, an den ich mich gern erinnere?
JA ◯   es geht so ◯   NEIN ◯   ich bin glücklich ◯

Datum _________________

Meine Aufgaben heute _______________________________

____

____

Der Tag könnte mich überraschen mit

____

____

So beginne ich den Tag ⬤ tolles Gefühl

⬤ gut gelaunt ⬤ glücklich ⬤ unwohl ⬤ zufrieden

⬤ ____________________ ⬤ ____________________

Der Tag endet nun. Ich fühle mich ⬤ wohl/gut/zufrieden

⬤ erschöpft ⬤ unzufrieden ⬤ ____________________

Was ist heute geschehen? _______________________

____

____

____

Was hätte ich besser machen können? _______________

____

Was war richtig toll heute? _____________________

____

____

Meine Erkenntnisse/was ändere ich ab morgen/demnächst ______

____

____

Alles in allem war es ein guter Tag, an den ich mich gern erinnere?

JA ⬤ es geht so ⬤ NEIN ⬤ ich bin glücklich ⬤

Datum ________________

erledigt

Meine Aufgaben heute ______________________________

____

____

Der Tag könnte mich überraschen mit

____

____

So beginne ich den Tag   tolles Gefühl

 gut gelaunt   glücklich   unwohl   zufrieden

_____________________   _____________________

Der Tag endet nun. Ich fühle mich   wohl/gut/zufrieden

 erschöpft   unzufrieden   _____________________

Was ist heute geschehen? _________________________

____

____

____

Was hätte ich besser machen können? ____________________

____

Was war richtig toll heute? __________________________

____

____

Meine Erkenntnisse/was ändere ich ab morgen/demnächst ______

____

____

Alles in allem war es ein guter Tag, an den ich mich gern erinnere?

JA   es geht so   NEIN   ich bin glücklich

Datum _______________

Meine Aufgaben heute _______________________________

____

____

Der Tag könnte mich überraschen mit

____

____

So beginne ich den Tag   ● tolles Gefühl
● gut gelaunt   ● glücklich   ● unwohl   ● zufrieden

● _______________________   ● _______________________

Der Tag endet nun. Ich fühle mich ● wohl/gut/zufrieden
● erschöpft   ● unzufrieden ● _______________________

Was ist heute geschehen? _______________________

____

____

Was hätte ich besser machen können? _______________

____

Was war richtig toll heute? _______________________

____

____

____

Meine Erkenntnisse/was ändere ich ab morgen/demnächst _______

____

____

Alles in allem war es ein guter Tag, an den ich mich gern erinnere?
JA ●   es geht so ●   NEIN ●   ich bin glücklich ●

Datum ______________

Meine Aufgaben heute __________________________

____

____

Der Tag könnte mich überraschen mit

____

____

So beginne ich den Tag   tolles Gefühl

  gut gelaunt   glücklich   unwohl   zufrieden

  _________________   _________________

Der Tag endet nun. Ich fühle mich   wohl/gut/zufrieden

  erschöpft   unzufrieden   _________________

Was ist heute geschehen? ______________________

____

____

____

Was hätte ich besser machen können? ______________

____

Was war richtig toll heute? _____________________

____

____

____

Meine Erkenntnisse/was ändere ich ab morgen/demnächst ______

____

____

Alles in allem war es ein guter Tag, an den ich mich gern erinnere?

JA   es geht so   NEIN   ich bin glücklich

Datum _______________

Meine Aufgaben heute _______________________________

____

____

Der Tag könnte mich überraschen mit

____

____

So beginne ich den Tag   ◯ tolles Gefühl
◯ gut gelaunt   ◯ glücklich   ◯ unwohl   ◯ zufrieden

◯ ______________________   ◯ ______________________

Der Tag endet nun. Ich fühle mich ◯ wohl/gut/zufrieden
◯ erschöpft   ◯ unzufrieden   ◯ ______________________

Was ist heute geschehen? _______________________________

____

____

____

Was hätte ich besser machen können? _______________________

____

Was war richtig toll heute? _______________________________

____

____

____

Meine Erkenntnisse/was ändere ich ab morgen/demnächst _______

____

____

Alles in allem war es ein guter Tag, an den ich mich gern erinnere?
JA ◯   es geht so ◯   NEIN ◯   ich bin glücklich ◯

Datum _______________

erledigt

Meine Aufgaben heute _______________________________________

____

____

Der Tag könnte mich überraschen mit

____

____

So beginne ich den Tag   ○ tolles Gefühl
○ gut gelaunt   ○ glücklich   ○ unwohl   ○ zufrieden
○ _______________________   ○ _______________________

Der Tag endet nun. Ich fühle mich ○ wohl/gut/zufrieden
○ erschöpft   ○ unzufrieden   ○ _______________________

Was ist heute geschehen? _________________________________

____

____

____

Was hätte ich besser machen können? _____________________

____

Was war richtig toll heute? ______________________________

____

____

____

Meine Erkenntnisse/was ändere ich ab morgen/demnächst ______

____

____

Alles in allem war es ein guter Tag, an den ich mich gern erinnere?
JA ○   es geht so ○   NEIN ○   ich bin glücklich ○

Datum ________________   erledigt

Meine Aufgaben heute ______________________________________

____

____

Der Tag könnte mich überraschen mit

____

____

So beginne ich den Tag   ○ tolles Gefühl
○ gut gelaunt   ○ glücklich   ○ unwohl   ○ zufrieden
○ ____________________   ○ ____________________

Der Tag endet nun. Ich fühle mich   ○ wohl/gut/zufrieden
○ erschöpft   ○ unzufrieden   ○ ____________________

Was ist heute geschehen? ______________________________

____

____

____

Was hätte ich besser machen können? __________________

____

Was war richtig toll heute? ___________________________

____

____

____

Meine Erkenntnisse/was ändere ich ab morgen/demnächst _______

____

____

Alles in allem war es ein guter Tag, an den ich mich gern erinnere?
JA ○   es geht so ○   NEIN ○   ich bin glücklich ○

Datum _________________

Meine Aufgaben heute ____

____

____

erledigt

Der Tag könnte mich überraschen mit

____

____

So beginne ich den Tag   ● tolles Gefühl
● gut gelaunt   ● glücklich   ● unwohl   ● zufrieden

________________________   ________________________

Der Tag endet nun. Ich fühle mich   ● wohl/gut/zufrieden
● erschöpft   ● unzufrieden   ● ________________________

Was ist heute geschehen? ____________________________________

____

____

____

Was hätte ich besser machen können? _________________________

____

Was war richtig toll heute? _________________________________

____

____

____

Meine Erkenntnisse/was ändere ich ab morgen/demnächst _______

____

____

Alles in allem war es ein guter Tag, an den ich mich gern erinnere?
JA ●   es geht so ●   NEIN ●   ich bin glücklich ●

Datum _________________

Meine Aufgaben heute _____________________________________

____

____

Der Tag könnte mich überraschen mit

____

____

So beginne ich den Tag   ○ tolles Gefühl
○ gut gelaunt   ○ glücklich   ○ unwohl   ○ zufrieden

○ _______________________   ○ _______________________

Der Tag endet nun. Ich fühle mich ○ wohl/gut/zufrieden
○ erschöpft   ○ unzufrieden   ○ _______________________

Was ist heute geschehen? _______________________

____

____

____

Was hätte ich besser machen können? _______________________

____

Was war richtig toll heute? _______________________

____

____

____

Meine Erkenntnisse/was ändere ich ab morgen/demnächst _______

____

____

Alles in allem war es ein guter Tag, an den ich mich gern erinnere?
JA ○   es geht so ○   NEIN ○   ich bin glücklich ○

Datum _______________

Meine Aufgaben heute ________________________________

____

____

Der Tag könnte mich überraschen mit

____

____

So beginne ich den Tag   tolles Gefühl

gut gelaunt   glücklich   unwohl   zufrieden

_____________________   _____________________

Der Tag endet nun. Ich fühle mich   wohl/gut/zufrieden

erschöpft   unzufrieden   _____________________

Was ist heute geschehen? __________________________

____

____

____

Was hätte ich besser machen können? ___________________

____

Was war richtig toll heute? _________________________

____

____

____

Meine Erkenntnisse/was ändere ich ab morgen/demnächst ______

____

____

Alles in allem war es ein guter Tag, an den ich mich gern erinnere?

JA   es geht so   NEIN   ich bin glücklich

Datum _______________

Meine Aufgaben heute _______________________________________

____

____

Der Tag könnte mich überraschen mit

____

____

So beginne ich den Tag   ◯ tolles Gefühl
◯ gut gelaunt   ◯ glücklich   ◯ unwohl   ◯ zufrieden

◯ __________________   ◯ __________________

Der Tag endet nun. Ich fühle mich ◯ wohl/gut/zufrieden
◯ erschöpft   ◯ unzufrieden ◯ __________________

Was ist heute geschehen? _______________________________

____

____

____

Was hätte ich besser machen können? ____________________

____

Was war richtig toll heute? _____________________________

____

____

____

Meine Erkenntnisse/was ändere ich ab morgen/demnächst ______

____

____

Alles in allem war es ein guter Tag, an den ich mich gern erinnere?
JA ◯   es geht so ◯   NEIN ◯   ich bin glücklich ◯

Datum _____________

erledigt

Meine Aufgaben heute ___________________________

____

____

Der Tag könnte mich überraschen mit

____

____

So beginne ich den Tag   ○ tolles Gefühl

○ gut gelaunt   ○ glücklich   ○ unwohl   ○ zufrieden

○ ______________________   ○ ______________________

Der Tag endet nun. Ich fühle mich   ○ wohl/gut/zufrieden

○ erschöpft   ○ unzufrieden   ○ __________________

Was ist heute geschehen? __________________________

____

____

____

Was hätte ich besser machen können? __________________

____

Was war richtig toll heute? _________________________

____

____

____

Meine Erkenntnisse/was ändere ich ab morgen/demnächst ______

____

____

Alles in allem war es ein guter Tag, an den ich mich gern erinnere?

JA ○   es geht so ○   NEIN ○   ich bin glücklich ○

Datum _______________   erledigt

Meine Aufgaben heute ____

____

____

Der Tag könnte mich überraschen mit

____

____

So beginne ich den Tag   ● tolles Gefühl
● gut gelaunt   ● glücklich   ● unwohl   ● zufrieden

● _____________________   ● _____________________

Der Tag endet nun. Ich fühle mich ● wohl/gut/zufrieden
● erschöpft   ● unzufrieden   ● _____________________

Was ist heute geschehen? ____

____

____

____

Was hätte ich besser machen können? _____________________

____

Was war richtig toll heute? _____________________

____

____

____

Meine Erkenntnisse/was ändere ich ab morgen/demnächst _______

____

____

Alles in allem war es ein guter Tag, an den ich mich gern erinnere?
JA ●   es geht so ●   NEIN ●   ich bin glücklich ●

Datum _________________

Meine Aufgaben heute ____

____

____

erledigt

Der Tag könnte mich überraschen mit

____

____

So beginne ich den Tag   ◯ tolles Gefühl

◯ gut gelaunt   ◯ glücklich   ◯ unwohl   ◯ zufrieden

◯ _________________   ◯ _________________

Der Tag endet nun. Ich fühle mich   ◯ wohl/gut/zufrieden

◯ erschöpft   ◯ unzufrieden   ◯ _________________

Was ist heute geschehen? _________________________________

____

____

____

Was hätte ich besser machen können? ___________________________

____

Was war richtig toll heute? _______________________________

____

____

____

Meine Erkenntnisse/was ändere ich ab morgen/demnächst _______

____

____

Alles in allem war es ein guter Tag, an den ich mich gern erinnere?

JA ◯   es geht so ◯   NEIN ◯   ich bin glücklich ◯

Datum _________________

erledigt

Meine Aufgaben heute ____

____

____

Der Tag könnte mich überraschen mit

____

____

So beginne ich den Tag   ○ tolles Gefühl
○ gut gelaunt   ○ glücklich   ○ unwohl   ○ zufrieden

○ ___________________   ○ ___________________

Der Tag endet nun. Ich fühle mich ○ wohl/gut/zufrieden
○ erschöpft   ○ unzufrieden ○ ___________________

Was ist heute geschehen? ___________________

____

____

____

Was hätte ich besser machen können? ___________________

____

Was war richtig toll heute? ___________________

____

____

____

Meine Erkenntnisse/was ändere ich ab morgen/demnächst _______

____

____

Alles in allem war es ein guter Tag, an den ich mich gern erinnere?
JA ○   es geht so ○   NEIN ○   ich bin glücklich ○

Datum _______________

Meine Aufgaben heute _________________________________
____
____

Der Tag könnte mich überraschen mit

____
____

So beginne ich den Tag   ◯ tolles Gefühl
◯ gut gelaunt   ◯ glücklich   ◯ unwohl   ◯ zufrieden

◯ _____________________   ◯ _____________________

Der Tag endet nun. Ich fühle mich ◯ wohl/gut/zufrieden
◯ erschöpft   ◯ unzufrieden   ◯ _____________________

Was ist heute geschehen? _______________________________
____
____
____

Was hätte ich besser machen können? ___________________

____

Was war richtig toll heute? ____________________________

____

____

Meine Erkenntnisse/was ändere ich ab morgen/demnächst ______
____

____

Alles in allem war es ein guter Tag, an den ich mich gern erinnere?
JA ◯   es geht so ◯   NEIN ◯   ich bin glücklich ◯

Datum _______________   erledigt

Meine Aufgaben heute _________________________________

____

____

Der Tag könnte mich überraschen mit

____

____

So beginne ich den Tag   ⬤ tolles Gefühl
⬤ gut gelaunt   ⬤ glücklich   ⬤ unwohl   ⬤ zufrieden

⬤ _____________________   ⬤ _____________________

Der Tag endet nun. Ich fühle mich ⬤ wohl/gut/zufrieden
⬤ erschöpft   ⬤ unzufrieden ⬤ _____________________

Was ist heute geschehen? _________________________________

____

____

____

Was hätte ich besser machen können? _____________________

____

Was war richtig toll heute? _____________________________

____

____

____

Meine Erkenntnisse/was ändere ich ab morgen/demnächst _______

____

____

Alles in allem war es ein guter Tag, an den ich mich gern erinnere?
JA ⬤   es geht so ⬤   NEIN ⬤   ich bin glücklich ⬤

Datum ________________

Meine Aufgaben heute ________________________________

____

____

Der Tag könnte mich überraschen mit

____

____

So beginne ich den Tag   ◯ tolles Gefühl
◯ gut gelaunt   ◯ glücklich   ◯ unwohl   ◯ zufrieden

◯ ____________________   ◯ ____________________

Der Tag endet nun. Ich fühle mich ◯ wohl/gut/zufrieden
◯ erschöpft   ◯ unzufrieden ◯ ____________________

Was ist heute geschehen? ____________________

____

____

____

Was hätte ich besser machen können? ____________________

____

Was war richtig toll heute? ____________________

____

____

____

Meine Erkenntnisse/was ändere ich ab morgen/demnächst ______

____

____

Alles in allem war es ein guter Tag, an den ich mich gern erinnere?
JA ◯   es geht so ◯   NEIN ◯   ich bin glücklich ◯

Datum _________________

erledigt

Meine Aufgaben heute _________________________________

____

____

Der Tag könnte mich überraschen mit

____

____

So beginne ich den Tag   ○ tolles Gefühl
○ gut gelaunt   ○ glücklich   ○ unwohl   ○ zufrieden

○ _______________________   ○ _______________________

Der Tag endet nun. Ich fühle mich   ○ wohl/gut/zufrieden
○ erschöpft   ○ unzufrieden   ○ _______________________

Was ist heute geschehen? _________________________

____

____

____

Was hätte ich besser machen können? ________________

____

Was war richtig toll heute? _______________________

____

____

____

Meine Erkenntnisse/was ändere ich ab morgen/demnächst _______

____

____

Alles in allem war es ein guter Tag, an den ich mich gern erinnere?
JA ○   es geht so ○   NEIN ○   ich bin glücklich ○

Datum _______________

Meine Aufgaben heute _____________________________________

____

____

Der Tag könnte mich überraschen mit

____

____

So beginne ich den Tag   tolles Gefühl

gut gelaunt   glücklich   unwohl   zufrieden

______________________   ______________________

Der Tag endet nun. Ich fühle mich   wohl/gut/zufrieden

erschöpft   unzufrieden   ______________________

Was ist heute geschehen? ___________________________

____

____

____

Was hätte ich besser machen können? ______________________

____

Was war richtig toll heute? ______________________________

____

____

Meine Erkenntnisse/was ändere ich ab morgen/demnächst _______

____

____

Alles in allem war es ein guter Tag, an den ich mich gern erinnere?

JA   es geht so   NEIN   ich bin glücklich

Datum _______________

Meine Aufgaben heute _________________________________

____

____

Der Tag könnte mich überraschen mit

____

____

So beginne ich den Tag   tolles Gefühl

● gut gelaunt   ● glücklich   ● unwohl   ● zufrieden

● _______________   ● _______________

Der Tag endet nun. Ich fühle mich   ● wohl/gut/zufrieden

● erschöpft   ● unzufrieden   ● _______________

Was ist heute geschehen? _________________________

____

____

____

Was hätte ich besser machen können? _______________

____

Was war richtig toll heute? _______________________

____

____

Meine Erkenntnisse/was ändere ich ab morgen/demnächst ______

____

____

Alles in allem war es ein guter Tag, an den ich mich gern erinnere?

JA ●   es geht so ●   NEIN ●   ich bin glücklich ●

Datum ________________

erledigt

Meine Aufgaben heute ___________________________________

____

____

Der Tag könnte mich überraschen mit

____

____

So beginne ich den Tag   ○ tolles Gefühl
○ gut gelaunt   ○ glücklich   ○ unwohl   ○ zufrieden
○ ___________________________ ○ ___________________________

Der Tag endet nun. Ich fühle mich ○ wohl/gut/zufrieden
○ erschöpft   ○ unzufrieden   ○ ___________________________

Was ist heute geschehen? ___________________________

____

____

____

Was hätte ich besser machen können? ___________________________

____

Was war richtig toll heute? ___________________________

____

____

____

Meine Erkenntnisse/was ändere ich ab morgen/demnächst ______

____

____

Alles in allem war es ein guter Tag, an den ich mich gern erinnere?
JA ○   es geht so ○   NEIN ○   ich bin glücklich ○

Datum _________________

Meine Aufgaben heute _______________________________

____

____

Der Tag könnte mich überraschen mit

____

____

So beginne ich den Tag   tolles Gefühl

 gut gelaunt   glücklich   unwohl   zufrieden

 ___________________   ___________________

Der Tag endet nun. Ich fühle mich   wohl/gut/zufrieden

 erschöpft   unzufrieden   ___________________

Was ist heute geschehen? _______________________

____

____

____

Was hätte ich besser machen können? _______________

____

Was war richtig toll heute? ____________________

____

____

____

Meine Erkenntnisse/was ändere ich ab morgen/demnächst _______

____

____

Alles in allem war es ein guter Tag, an den ich mich gern erinnere?

JA   es geht so   NEIN   ich bin glücklich

Datum ________________

Meine Aufgaben heute ____

____

____

Der Tag könnte mich überraschen mit

____

____

So beginne ich den Tag   tolles Gefühl
  gut gelaunt   glücklich   unwohl   zufrieden

  ____________________   ____________________

Der Tag endet nun. Ich fühle mich   wohl/gut/zufrieden
  erschöpft   unzufrieden   ____________________

Was ist heute geschehen? ____________________________

____

____

____

Was hätte ich besser machen können? ________________________

____

Was war richtig toll heute? ________________________________

____

____

Meine Erkenntnisse/was ändere ich ab morgen/demnächst ________

____

____

Alles in allem war es ein guter Tag, an den ich mich gern erinnere?
JA   es geht so   NEIN   ich bin glücklich

Datum _________________   erledigt

Meine Aufgaben heute ___________________________________

____

____

Der Tag könnte mich überraschen mit

____

____

So beginne ich den Tag   ● tolles Gefühl
● gut gelaunt   ● glücklich   ● unwohl   ● zufrieden

● _____________________   ● _____________________

Der Tag endet nun. Ich fühle mich ● wohl/gut/zufrieden
● erschöpft   ● unzufrieden   ● _____________________

Was ist heute geschehen? _______________________________

____

____

____

Was hätte ich besser machen können? ____________________

____

Was war richtig toll heute? _____________________________

____

____

____

Meine Erkenntnisse/was ändere ich ab morgen/demnächst _______

____

____

Alles in allem war es ein guter Tag, an den ich mich gern erinnere?
JA ●   es geht so ●   NEIN ●   ich bin glücklich ●

Datum _______________

Meine Aufgaben heute _______________________________________

____

____

Der Tag könnte mich überraschen mit

____

____

So beginne ich den Tag   ◯ tolles Gefühl
◯ gut gelaunt   ◯ glücklich   ◯ unwohl   ◯ zufrieden

◯ ___________________   ◯ ___________________

Der Tag endet nun. Ich fühle mich ◯ wohl/gut/zufrieden
◯ erschöpft   ◯ unzufrieden ◯ ___________________

Was ist heute geschehen? _________________________________

____

____

____

Was hätte ich besser machen können? _____________________

____

Was war richtig toll heute? ______________________________

____

____

____

Meine Erkenntnisse/was ändere ich ab morgen/demnächst _______

____

____

Alles in allem war es ein guter Tag, an den ich mich gern erinnere?
JA ◯   es geht so ◯   NEIN ◯   ich bin glücklich ◯

Datum _______________

Meine Aufgaben heute _________________________________

____

____

Der Tag könnte mich überraschen mit

____

____

So beginne ich den Tag   ○ tolles Gefühl
○ gut gelaunt   ○ glücklich   ○ unwohl   ○ zufrieden

○ ______________________   ○ ______________________

Der Tag endet nun. Ich fühle mich   ○ wohl/gut/zufrieden
○ erschöpft   ○ unzufrieden   ○ ______________________

Was ist heute geschehen? _______________________________

____

____

____

Was hätte ich besser machen können? ___________________

____

Was war richtig toll heute? ____________________________

____

____

____

Meine Erkenntnisse/was ändere ich ab morgen/demnächst ______

____

____

Alles in allem war es ein guter Tag, an den ich mich gern erinnere?
JA ○   es geht so ○   NEIN ○   ich bin glücklich ○

Datum _________________

Meine Aufgaben heute ____

____

____

Der Tag könnte mich überraschen mit

____

____

So beginne ich den Tag   ⬤ tolles Gefühl
⬤ gut gelaunt   ⬤ glücklich   ⬤ unwohl   ⬤ zufrieden

⬤ _______________________   ⬤ _______________________

Der Tag endet nun. Ich fühle mich   ⬤ wohl/gut/zufrieden
⬤ erschöpft   ⬤ unzufrieden   ⬤ _______________________

Was ist heute geschehen? ________________________________

____

____

Was hätte ich besser machen können? ________________________

____

Was war richtig toll heute? ________________________

____

____

Meine Erkenntnisse/was ändere ich ab morgen/demnächst _______

____

____

Alles in allem war es ein guter Tag, an den ich mich gern erinnere?
JA ⬤   es geht so ⬤   NEIN ⬤   ich bin glücklich ⬤

Datum _______________   erledigt

Meine Aufgaben heute ____

____

____

Der Tag könnte mich überraschen mit

____

____

So beginne ich den Tag   ○ tolles Gefühl
○ gut gelaunt   ○ glücklich   ○ unwohl   ○ zufrieden
○ ___________________   ○ ___________________

Der Tag endet nun. Ich fühle mich   ○ wohl/gut/zufrieden
○ erschöpft   ○ unzufrieden   ○ ___________________

Was ist heute geschehen? _________________________________

____

____

____

Was hätte ich besser machen können? _____________________

____

Was war richtig toll heute? _____________________________

____

____

____

Meine Erkenntnisse/was ändere ich ab morgen/demnächst _______

____

____

Alles in allem war es ein guter Tag, an den ich mich gern erinnere?
JA ○   es geht so ○   NEIN ○   ich bin glücklich ○

Datum _________________

Meine Aufgaben heute ____

erledigt

____

____

Der Tag könnte mich überraschen mit

____

____

So beginne ich den Tag   tolles Gefühl

  gut gelaunt   glücklich   unwohl   zufrieden

  _____________________   _____________________

Der Tag endet nun. Ich fühle mich   wohl/gut/zufrieden

  erschöpft   unzufrieden   _____________________

Was ist heute geschehen? _________________________________

____

____

____

Was hätte ich besser machen können? _________________________

____

Was war richtig toll heute? _________________________________

____

____

____

Meine Erkenntnisse/was ändere ich ab morgen/demnächst _______

____

____

Alles in allem war es ein guter Tag, an den ich mich gern erinnere?

JA   es geht so   NEIN   ich bin glücklich

Datum ________________

Meine Aufgaben heute ____

____

____

Der Tag könnte mich überraschen mit

____

____

So beginne ich den Tag   ◯ tolles Gefühl
◯ gut gelaunt   ◯ glücklich   ◯ unwohl   ◯ zufrieden

◯ ______________________   ◯ ______________________

Der Tag endet nun. Ich fühle mich ◯ wohl/gut/zufrieden
◯ erschöpft   ◯ unzufrieden ◯ ______________________

Was ist heute geschehen? ________________________________

____

____

____

Was hätte ich besser machen können? ________________________

____

Was war richtig toll heute? ________________________________

____

____

____

Meine Erkenntnisse/was ändere ich ab morgen/demnächst ________

____

____

Alles in allem war es ein guter Tag, an den ich mich gern erinnere?
JA ◯   es geht so ◯   NEIN ◯   ich bin glücklich ◯

Meine Aufgaben heute _______________________________________

____

____

Der Tag könnte mich überraschen mit

____

____

So beginne ich den Tag ● tolles Gefühl

● gut gelaunt ● glücklich ● unwohl ● zufrieden

● _______________________ ● _______________________

Der Tag endet nun. Ich fühle mich ● wohl/gut/zufrieden

● erschöpft ● unzufrieden ● _______________________

Was ist heute geschehen? _______________________________

____

____

Was hätte ich besser machen können? ___________________

____

Was war richtig toll heute? ___________________________

____

____

Meine Erkenntnisse/was ändere ich ab morgen/demnächst ______

____

____

Alles in allem war es ein guter Tag, an den ich mich gern erinnere?

JA ● es geht so ● NEIN ● ich bin glücklich ●

Datum _______________

erledigt

Meine Aufgaben heute ________________________________

____

____

Der Tag könnte mich überraschen mit

____

____

So beginne ich den Tag   ○ tolles Gefühl
○ gut gelaunt   ○ glücklich   ○ unwohl   ○ zufrieden

○ _____________________   ○ _____________________

Der Tag endet nun. Ich fühle mich   ○ wohl/gut/zufrieden
○ erschöpft   ○ unzufrieden   ○ _____________________

Was ist heute geschehen? __________________________

____

____

____

Was hätte ich besser machen können? ____________________

____

Was war richtig toll heute? __________________________

____

____

____

Meine Erkenntnisse/was ändere ich ab morgen/demnächst _______

____

____

Alles in allem war es ein guter Tag, an den ich mich gern erinnere?
JA ○   es geht so ○   NEIN ○   ich bin glücklich ○

Datum _______________

Meine Aufgaben heute _______________________________

____

____

Der Tag könnte mich überraschen mit

____

____

So beginne ich den Tag ◯ tolles Gefühl

◯ gut gelaunt ◯ glücklich ◯ unwohl ◯ zufrieden

◯ ___________________ ◯ ___________________

Der Tag endet nun. Ich fühle mich ◯ wohl/gut/zufrieden

◯ erschöpft ◯ unzufrieden ◯ ___________________

Was ist heute geschehen? __________________________

____

____

____

Was hätte ich besser machen können? __________________

____

Was war richtig toll heute? _________________________

____

____

____

Meine Erkenntnisse/was ändere ich ab morgen/demnächst ______

____

____

Alles in allem war es ein guter Tag, an den ich mich gern erinnere?

JA ◯ es geht so ◯ NEIN ◯ ich bin glücklich ◯

Datum ________________   erledigt

Meine Aufgaben heute ________________________________

____

____

Der Tag könnte mich überraschen mit

____

____

So beginne ich den Tag   ○ tolles Gefühl
○ gut gelaunt   ○ glücklich   ○ unwohl   ○ zufrieden
○ ________________   ○ ________________

Der Tag endet nun. Ich fühle mich ○ wohl/gut/zufrieden
○ erschöpft   ○ unzufrieden   ○ ________________
Was ist heute geschehen? ________________________________

____

____

____

Was hätte ich besser machen können? ____________________

____

Was war richtig toll heute? _____________________________

____

____

____

Meine Erkenntnisse/was ändere ich ab morgen/demnächst ______

____

____

Alles in allem war es ein guter Tag, an den ich mich gern erinnere?
JA ○   es geht so ○   NEIN ○   ich bin glücklich ○

Datum ________________

Meine Aufgaben heute ___________________________________

____

____

Der Tag könnte mich überraschen mit

____

____

So beginne ich den Tag   ⚪ tolles Gefühl
⚪ gut gelaunt   ⚪ glücklich   ⚪ unwohl   ⚪ zufrieden

⚪ ________________   ⚪ ________________

Der Tag endet nun. Ich fühle mich   ⚪ wohl/gut/zufrieden
⚪ erschöpft   ⚪ unzufrieden   ⚪ ________________

Was ist heute geschehen? ___________________________________

____

____

____

Was hätte ich besser machen können? ___________________________________

____

Was war richtig toll heute? ___________________________________

____

____

Meine Erkenntnisse/was ändere ich ab morgen/demnächst ________

____

____

Alles in allem war es ein guter Tag, an den ich mich gern erinnere?
JA ⚪   es geht so ⚪   NEIN ⚪   ich bin glücklich ⚪

Datum _______________   erledigt

Meine Aufgaben heute ____

____

____

Der Tag könnte mich überraschen mit

____

____

So beginne ich den Tag   ● tolles Gefühl
● gut gelaunt   ● glücklich   ● unwohl   ● zufrieden

● _____________________   ● _____________________________

Der Tag endet nun. Ich fühle mich   ● wohl/gut/zufrieden
● erschöpft   ● unzufrieden   ● _________________________

Was ist heute geschehen? _____________________________________

____

____

____

Was hätte ich besser machen können? _________________________

____

Was war richtig toll heute? __________________________________

____

____

____

Meine Erkenntnisse/was ändere ich ab morgen/demnächst _______

____

____

Alles in allem war es ein guter Tag, an den ich mich gern erinnere?
JA ●   es geht so ●   NEIN ●   ich bin glücklich ●

Datum ______________

Meine Aufgaben heute _____________________________

____

____

Der Tag könnte mich überraschen mit

____

____

So beginne ich den Tag   tolles Gefühl

gut gelaunt   glücklich   unwohl   zufrieden

_____________________   _____________________

Der Tag endet nun. Ich fühle mich   wohl/gut/zufrieden

erschöpft   unzufrieden   _____________________

Was ist heute geschehen? _________________________

____

____

____

Was hätte ich besser machen können? ________________

____

Was war richtig toll heute? _________________________

____

____

____

Meine Erkenntnisse/was ändere ich ab morgen/demnächst ______

____

____

Alles in allem war es ein guter Tag, an den ich mich gern erinnere?

JA   es geht so   NEIN   ich bin glücklich

Datum _______________

Meine Aufgaben heute ________________________________
____
____

Der Tag könnte mich überraschen mit

____

____

So beginne ich den Tag   ◯ tolles Gefühl
◯ gut gelaunt   ◯ glücklich   ◯ unwohl   ◯ zufrieden

◯ _____________________   ◯ _____________________

Der Tag endet nun. Ich fühle mich ◯ wohl/gut/zufrieden
◯ erschöpft   ◯ unzufrieden ◯ _____________________
Was ist heute geschehen? _____________________

____

____

____

Was hätte ich besser machen können? _____________________

____

Was war richtig toll heute? _____________________

____

____

____

Meine Erkenntnisse/was ändere ich ab morgen/demnächst _______

____

____

Alles in allem war es ein guter Tag, an den ich mich gern erinnere?
JA ◯   es geht so ◯   NEIN ◯   ich bin glücklich ◯

Datum _______________

Meine Aufgaben heute ____

____

____

Der Tag könnte mich überraschen mit

____

____

So beginne ich den Tag ● tolles Gefühl
● gut gelaunt ● glücklich ● unwohl ● zufrieden
● _____________________ ● _____________________

Der Tag endet nun. Ich fühle mich ● wohl/gut/zufrieden
● erschöpft ● unzufrieden ● _____________________

Was ist heute geschehen? ___________________________

____

____

____

Was hätte ich besser machen können? _______________

____

Was war richtig toll heute? _______________________

____

____

Meine Erkenntnisse/was ändere ich ab morgen/demnächst _______

____

____

Alles in allem war es ein guter Tag, an den ich mich gern erinnere?
JA ●   es geht so ●   NEIN ●   ich bin glücklich ●

Datum ______________   erledigt

Meine Aufgaben heute ____

____

____

Der Tag könnte mich überraschen mit

____

____

So beginne ich den Tag   ◯ tolles Gefühl
◯ gut gelaunt   ◯ glücklich   ◯ unwohl   ◯ zufrieden
◯ ____________________   ◯ ____________________

Der Tag endet nun. Ich fühle mich ◯ wohl/gut/zufrieden
◯ erschöpft   ◯ unzufrieden ◯ ____________________

Was ist heute geschehen? ____________________

____

____

____

Was hätte ich besser machen können? ____________________

____

Was war richtig toll heute? ____________________

____

____

____

Meine Erkenntnisse/was ändere ich ab morgen/demnächst ______

____

____

Alles in allem war es ein guter Tag, an den ich mich gern erinnere?
JA ◯   es geht so ◯   NEIN ◯   ich bin glücklich ◯

Datum _________________

Meine Aufgaben heute ___________________________________

____

____

Der Tag könnte mich überraschen mit

____

____

So beginne ich den Tag ◯ tolles Gefühl
◯ gut gelaunt ◯ glücklich ◯ unwohl ◯ zufrieden
◯ _____________________ ◯ _____________________

Der Tag endet nun. Ich fühle mich ◯ wohl/gut/zufrieden
◯ erschöpft ◯ unzufrieden ◯ _____________________

Was ist heute geschehen? _______________________________

____

____

____

Was hätte ich besser machen können? ___________________

____

Was war richtig toll heute? ___________________________

____

____

____

Meine Erkenntnisse/was ändere ich ab morgen/demnächst _______

____

____

Alles in allem war es ein guter Tag, an den ich mich gern erinnere?
JA ◯   es geht so ◯   NEIN ◯   ich bin glücklich ◯

Datum _________________

Meine Aufgaben heute ____

____

____

Der Tag könnte mich überraschen mit

____

____

So beginne ich den Tag   tolles Gefühl
  gut gelaunt   glücklich   unwohl   zufrieden

  ____________________   ____________________

Der Tag endet nun. Ich fühle mich   wohl/gut/zufrieden
  erschöpft   unzufrieden   ____________________

Was ist heute geschehen? ______________________________________

____

____

Was hätte ich besser machen können? ___________________________

____

Was war richtig toll heute? ____________________________________

____

____

Meine Erkenntnisse/was ändere ich ab morgen/demnächst _________

____

____

Alles in allem war es ein guter Tag, an den ich mich gern erinnere?
JA   es geht so   NEIN   ich bin glücklich

Datum _______________

Meine Aufgaben heute _______________________________________

____

____

Der Tag könnte mich überraschen mit

____

____

So beginne ich den Tag ● tolles Gefühl
● gut gelaunt ● glücklich ● unwohl ● zufrieden
● _______________ ● _______________

Der Tag endet nun. Ich fühle mich ● wohl/gut/zufrieden
● erschöpft ● unzufrieden ● _______________
Was ist heute geschehen? _______________

____

____

____

Was hätte ich besser machen können? _______________

____

Was war richtig toll heute? _______________

____

____

Meine Erkenntnisse/was ändere ich ab morgen/demnächst _______

____

____

Alles in allem war es ein guter Tag, an den ich mich gern erinnere?
JA ●   es geht so ●   NEIN ●   ich bin glücklich ●

Datum ________________ erledigt

Meine Aufgaben heute ____

____

____

Der Tag könnte mich überraschen mit

____

____

So beginne ich den Tag ● tolles Gefühl
● gut gelaunt ● glücklich ● unwohl ● zufrieden

● _____________________ ● ______________________

Der Tag endet nun. Ich fühle mich ● wohl/gut/zufrieden
● erschöpft ● unzufrieden ● ______________________

Was ist heute geschehen? _______________________________

____

____

____

Was hätte ich besser machen können? ______________________

____

Was war richtig toll heute? ______________________________

____

____

Meine Erkenntnisse/was ändere ich ab morgen/demnächst _______

____

____

Alles in allem war es ein guter Tag, an den ich mich gern erinnere?
JA ● es geht so ● NEIN ● ich bin glücklich ●

Datum _______________

Meine Aufgaben heute _______________________________________

____

____

Der Tag könnte mich überraschen mit

____

____

So beginne ich den Tag   ○ tolles Gefühl
○ gut gelaunt   ○ glücklich   ○ unwohl   ○ zufrieden
○ _____________________   ○ _____________________

Der Tag endet nun. Ich fühle mich ○ wohl/gut/zufrieden
○ erschöpft   ○ unzufrieden ○ _____________________
Was ist heute geschehen? _______________________________

____

____

____

Was hätte ich besser machen können? ____________________________

____

Was war richtig toll heute? _____________________________________

____

____

____

Meine Erkenntnisse/was ändere ich ab morgen/demnächst _______

____

____

Alles in allem war es ein guter Tag, an den ich mich gern erinnere?
JA ○   es geht so ○   NEIN ○   ich bin glücklich ○

Datum _________________

erledigt

Meine Aufgaben heute ____

____

____

Der Tag könnte mich überraschen mit

____

____

So beginne ich den Tag ⬤ tolles Gefühl

⬤ gut gelaunt ⬤ glücklich ⬤ unwohl ⬤ zufrieden

⬤ _____________________ ⬤ _____________________

Der Tag endet nun. Ich fühle mich ⬤ wohl/gut/zufrieden

⬤ erschöpft ⬤ unzufrieden ⬤ _____________________

Was ist heute geschehen? _____________________________________

____

____

____

Was hätte ich besser machen können? _________________________

____

Was war richtig toll heute? _________________________________

____

____

____

Meine Erkenntnisse/was ändere ich ab morgen/demnächst _______

____

____

Alles in allem war es ein guter Tag, an den ich mich gern erinnere?

JA ⬤ es geht so ⬤ NEIN ⬤ ich bin glücklich ⬤

Datum _________________

Meine Aufgaben heute ____

____

____

Der Tag könnte mich überraschen mit

____

____

So beginne ich den Tag   ○ tolles Gefühl
○ gut gelaunt   ○ glücklich   ○ unwohl   ○ zufrieden

○ _______________________   ○ _______________________

Der Tag endet nun. Ich fühle mich   ○ wohl/gut/zufrieden
○ erschöpft   ○ unzufrieden   ○ _______________________

Was ist heute geschehen? ____

____

____

____

Was hätte ich besser machen können? _____________________________

____

Was war richtig toll heute? ______________________________________

____

____

Meine Erkenntnisse/was ändere ich ab morgen/demnächst _________

____

____

Alles in allem war es ein guter Tag, an den ich mich gern erinnere?
JA ○   es geht so ○   NEIN ○   ich bin glücklich ○

Datum ________________

erledigt

Meine Aufgaben heute ____

____

____

Der Tag könnte mich überraschen mit

____

____

So beginne ich den Tag ● tolles Gefühl

● gut gelaunt ● glücklich ● unwohl ● zufrieden

● ______________________ ● __________________________

Der Tag endet nun. Ich fühle mich ● wohl/gut/zufrieden

● erschöpft ● unzufrieden ● ________________________

Was ist heute geschehen? _________________________________

____

____

____

Was hätte ich besser machen können? ________________________

____

Was war richtig toll heute? _______________________________

____

____

____

Meine Erkenntnisse/was ändere ich ab morgen/demnächst _______

____

____

Alles in allem war es ein guter Tag, an den ich mich gern erinnere?

JA ●   es geht so ●   NEIN ●   ich bin glücklich ●

Datum _________________

Meine Aufgaben heute ____

erledigt

____

____

Der Tag könnte mich überraschen mit

____

____

So beginne ich den Tag

tolles Gefühl

gut gelaunt   glücklich   unwohl   zufrieden

_______________________   _______________________

Der Tag endet nun. Ich fühle mich   wohl/gut/zufrieden

erschöpft   unzufrieden   _______________________

Was ist heute geschehen? _______________________________

____

____

____

Was hätte ich besser machen können? _______________________

____

Was war richtig toll heute? _______________________________

____

____

____

Meine Erkenntnisse/was ändere ich ab morgen/demnächst _______

____

____

Alles in allem war es ein guter Tag, an den ich mich gern erinnere?

JA   es geht so   NEIN   ich bin glücklich

Datum ________________

Meine Aufgaben heute ____

____

____

Der Tag könnte mich überraschen mit

____

____

So beginne ich den Tag   tolles Gefühl
 gut gelaunt   glücklich   unwohl   zufrieden

 ________________________   ________________________

Der Tag endet nun. Ich fühle mich   wohl/gut/zufrieden
 erschöpft   unzufrieden   ________________________

Was ist heute geschehen? ________________________________

____

____

____

Was hätte ich besser machen können? ________________________

____

Was war richtig toll heute? ________________________________

____

____

____

Meine Erkenntnisse/was ändere ich ab morgen/demnächst ________

____

____

Alles in allem war es ein guter Tag, an den ich mich gern erinnere?
JA   es geht so   NEIN   ich bin glücklich

Datum _____________

Meine Aufgaben heute _________________________________

____

____

Der Tag könnte mich überraschen mit

____

____

So beginne ich den Tag   ◯ tolles Gefühl
◯ gut gelaunt   ◯ glücklich   ◯ unwohl   ◯ zufrieden
◯ ______________   ◯ ______________

Der Tag endet nun. Ich fühle mich   ◯ wohl/gut/zufrieden
◯ erschöpft   ◯ unzufrieden   ◯ ______________

Was ist heute geschehen? _________________________

____

____

____

Was hätte ich besser machen können? ______________

____

Was war richtig toll heute? ______________________

____

____

Meine Erkenntnisse/was ändere ich ab morgen/demnächst ______

____

____

Alles in allem war es ein guter Tag, an den ich mich gern erinnere?
JA ◯   es geht so ◯   NEIN ◯   ich bin glücklich ◯

Datum _________________

Meine Aufgaben heute ____

____

____

Der Tag könnte mich überraschen mit

____

____

So beginne ich den Tag   ⬤ tolles Gefühl
⬤ gut gelaunt   ⬤ glücklich   ⬤ unwohl   ⬤ zufrieden

⬤ _________________________   ⬤ _________________________

Der Tag endet nun. Ich fühle mich   ⬤ wohl/gut/zufrieden
⬤ erschöpft   ⬤ unzufrieden   ⬤ _________________________

Was ist heute geschehen? _____________________________________

____

____

____

Was hätte ich besser machen können? _________________________

____

Was war richtig toll heute? __________________________________

____

____

____

Meine Erkenntnisse/was ändere ich ab morgen/demnächst _______

____

____

Alles in allem war es ein guter Tag, an den ich mich gern erinnere?
JA ⬤   es geht so ⬤   NEIN ⬤   ich bin glücklich ⬤

Datum _________________

erledigt

Meine Aufgaben heute _________________________________

____

____

Der Tag könnte mich überraschen mit

____

____

So beginne ich den Tag ● tolles Gefühl
● gut gelaunt ● glücklich ● unwohl ● zufrieden
● _________________ ● _________________

Der Tag endet nun. Ich fühle mich ● wohl/gut/zufrieden
● erschöpft ● unzufrieden ● _________________
Was ist heute geschehen? _________________

____

____

____

Was hätte ich besser machen können? _________________

____

Was war richtig toll heute? _________________

____

____

____

Meine Erkenntnisse/was ändere ich ab morgen/demnächst _______

____

____

Alles in allem war es ein guter Tag, an den ich mich gern erinnere?
JA ● es geht so ● NEIN ● ich bin glücklich ●

Datum _______________

erledigt

Meine Aufgaben heute _________________________________

____

____

Der Tag könnte mich überraschen mit

____

____

So beginne ich den Tag   ● tolles Gefühl
● gut gelaunt   ● glücklich   ● unwohl   ● zufrieden

● _____________________   ● _____________________

Der Tag endet nun. Ich fühle mich ● wohl/gut/zufrieden
● erschöpft   ● unzufrieden ● _____________________

Was ist heute geschehen? _________________________

____

____

____

Was hätte ich besser machen können? _______________

____

Was war richtig toll heute? _______________________

____

____

____

Meine Erkenntnisse/was ändere ich ab morgen/demnächst _______

____

____

Alles in allem war es ein guter Tag, an den ich mich gern erinnere?

JA ●   es geht so ●   NEIN ●   ich bin glücklich ●

Datum _________________

Meine Aufgaben heute ____

____

____

erledigt

Der Tag könnte mich überraschen mit

____

____

So beginne ich den Tag ⬤ tolles Gefühl
⬤ gut gelaunt ⬤ glücklich ⬤ unwohl ⬤ zufrieden
⬤ _____________________ ⬤ _____________________

Der Tag endet nun. Ich fühle mich ⬤ wohl/gut/zufrieden
⬤ erschöpft ⬤ unzufrieden ⬤ _____________________

Was ist heute geschehen? ____

____

____

____

Was hätte ich besser machen können? _________________________

____

Was war richtig toll heute? _________________________________

____

____

____

Meine Erkenntnisse/was ändere ich ab morgen/demnächst _______

____

____

Alles in allem war es ein guter Tag, an den ich mich gern erinnere?
JA ⬤   es geht so ⬤   NEIN ⬤   ich bin glücklich ⬤

Datum _________________

Meine Aufgaben heute ___________________________________

____

____

Der Tag könnte mich überraschen mit

____

____

So beginne ich den Tag   ● tolles Gefühl
● gut gelaunt   ● glücklich   ● unwohl   ● zufrieden

● _____________________   ● _____________________

Der Tag endet nun. Ich fühle mich ● wohl/gut/zufrieden
● erschöpft   ● unzufrieden   ● _____________________

Was ist heute geschehen? _____________________________

____

____

____

Was hätte ich besser machen können? _________________

____

Was war richtig toll heute? _________________________

____

____

____

Meine Erkenntnisse/was ändere ich ab morgen/demnächst ______

____

____

Alles in allem war es ein guter Tag, an den ich mich gern erinnere?
JA ●   es geht so ●   NEIN ●   ich bin glücklich ●

Datum _______________

erledigt

Meine Aufgaben heute _________________________________

____

____

Der Tag könnte mich überraschen mit

____

____

So beginne ich den Tag   ○ tolles Gefühl
○ gut gelaunt   ○ glücklich   ○ unwohl   ○ zufrieden

○ ___________________   ○ ___________________

Der Tag endet nun. Ich fühle mich   ○ wohl/gut/zufrieden
○ erschöpft   ○ unzufrieden   ○ ___________________

Was ist heute geschehen? _________________________________

____

____

____

Was hätte ich besser machen können? _____________________

Was war richtig toll heute? ______________________________

____

____

____

Meine Erkenntnisse/was ändere ich ab morgen/demnächst _______

____

____

Alles in allem war es ein guter Tag, an den ich mich gern erinnere?
JA ○   es geht so ○   NEIN ○   ich bin glücklich ○

Datum ________________

erledigt

Meine Aufgaben heute _______________________________

____

____

Der Tag könnte mich überraschen mit

____

____

So beginne ich den Tag   ○ tolles Gefühl

○ gut gelaunt   ○ glücklich   ○ unwohl   ○ zufrieden

○ ____________________   ○ ____________________

Der Tag endet nun. Ich fühle mich ○ wohl/gut/zufrieden

○ erschöpft   ○ unzufrieden ○ ____________________

Was ist heute geschehen? __________________________

____

____

Was hätte ich besser machen können? ___________________

____

Was war richtig toll heute? ___________________________

____

____

Meine Erkenntnisse/was ändere ich ab morgen/demnächst ______

____

Alles in allem war es ein guter Tag, an den ich mich gern erinnere?

JA ○   es geht so ○   NEIN ○   ich bin glücklich ○

Datum ________________

Meine Aufgaben heute ____

____

____

Der Tag könnte mich überraschen mit

____

____

So beginne ich den Tag   ⚪ tolles Gefühl
⚪ gut gelaunt   ⚪ glücklich   ⚪ unwohl   ⚪ zufrieden
⚪ ________________   ⚪ ________________

Der Tag endet nun. Ich fühle mich ⚪ wohl/gut/zufrieden
⚪ erschöpft   ⚪ unzufrieden ⚪ ________________

Was ist heute geschehen? ____

____

____

____

Was hätte ich besser machen können? ____

____

Was war richtig toll heute? ____

____

____

____

Meine Erkenntnisse/was ändere ich ab morgen/demnächst ________

____

____

Alles in allem war es ein guter Tag, an den ich mich gern erinnere?
JA ⚪   es geht so ⚪   NEIN ⚪   ich bin glücklich ⚪

Datum ________________

erledigt

Meine Aufgaben heute ________________________________

____

____

Der Tag könnte mich überraschen mit

____

____

So beginne ich den Tag   ○ tolles Gefühl
○ gut gelaunt   ○ glücklich   ○ unwohl   ○ zufrieden

○ ________________   ○ ________________

Der Tag endet nun. Ich fühle mich   ○ wohl/gut/zufrieden
○ erschöpft   ○ unzufrieden   ○ ________________

Was ist heute geschehen? ________________________

____

____

Was hätte ich besser machen können? ________________

____

Was war richtig toll heute? ____________________

____

____

____

Meine Erkenntnisse/was ändere ich ab morgen/demnächst ______

____

____

Alles in allem war es ein guter Tag, an den ich mich gern erinnere?
JA ○   es geht so ○   NEIN ○   ich bin glücklich ○

Datum ________________

Meine Aufgaben heute ________________________________

____

____

Der Tag könnte mich überraschen mit

____

____

So beginne ich den Tag   ⬤ tolles Gefühl
⬤ gut gelaunt   ⬤ glücklich   ⬤ unwohl   ⬤ zufrieden

⬤ ________________________   ⬤ ________________________

Der Tag endet nun. Ich fühle mich   ⬤ wohl/gut/zufrieden
⬤ erschöpft   ⬤ unzufrieden   ⬤ ________________________

Was ist heute geschehen? ________________________

____

____

Was hätte ich besser machen können? ________________________

____

Was war richtig toll heute? ________________________

____

____

Meine Erkenntnisse/was ändere ich ab morgen/demnächst ________

____

Alles in allem war es ein guter Tag, an den ich mich gern erinnere?
JA ⬤   es geht so ⬤   NEIN ⬤   ich bin glücklich ⬤

Datum ________________   erledigt

Meine Aufgaben heute ____________________________

____

____

Der Tag könnte mich überraschen mit

____

____

So beginne ich den Tag   ● tolles Gefühl
● gut gelaunt   ● glücklich   ● unwohl   ● zufrieden

● _________________   ● _________________

Der Tag endet nun. Ich fühle mich ● wohl/gut/zufrieden
● erschöpft   ● unzufrieden ● __________________

Was ist heute geschehen? ______________________

____

____

____

Was hätte ich besser machen können? ________________

____

Was war richtig toll heute? ______________________

____

____

____

Meine Erkenntnisse/was ändere ich ab morgen/demnächst ______

____

Alles in allem war es ein guter Tag, an den ich mich gern erinnere?
JA ●   es geht so ●   NEIN ●   ich bin glücklich ●

Datum ______________

Meine Aufgaben heute _________________________________

____

____

Der Tag könnte mich überraschen mit

____

____

So beginne ich den Tag   ◯ tolles Gefühl
◯ gut gelaunt   ◯ glücklich   ◯ unwohl   ◯ zufrieden
◯ ____________________   ◯ ________________________

Der Tag endet nun. Ich fühle mich ◯ wohl/gut/zufrieden
◯ erschöpft   ◯ unzufrieden   ◯ ______________________

Was ist heute geschehen? ______________________________

____

____

____

Was hätte ich besser machen können? ______________________

____

Was war richtig toll heute? ____________________________

____

____

____

Meine Erkenntnisse/was ändere ich ab morgen/demnächst _______

____

____

Alles in allem war es ein guter Tag, an den ich mich gern erinnere?
JA ◯   es geht so ◯   NEIN ◯   ich bin glücklich ◯

Datum _________________

Meine Aufgaben heute ____

____

____

Der Tag könnte mich überraschen mit

____

____

So beginne ich den Tag   ● tolles Gefühl
● gut gelaunt   ● glücklich   ● unwohl   ● zufrieden

● __________________________   ● ______________________________

Der Tag endet nun. Ich fühle mich ● wohl/gut/zufrieden
● erschöpft   ● unzufrieden ● ______________________________

Was ist heute geschehen? _______________________________________

____

____

____

Was hätte ich besser machen können? ___________________________

____

Was war richtig toll heute? _____________________________________

____

____

____

Meine Erkenntnisse/was ändere ich ab morgen/demnächst _______

____

____

Alles in allem war es ein guter Tag, an den ich mich gern erinnere?
JA ●   es geht so ●   NEIN ●   ich bin glücklich ●

Datum ________________

Meine Aufgaben heute ________________________________

____

____

Der Tag könnte mich überraschen mit

____

____

So beginne ich den Tag   ⬤ tolles Gefühl

⬤ gut gelaunt   ⬤ glücklich   ⬤ unwohl   ⬤ zufrieden

⬤ ____________________   ⬤ ____________________

Der Tag endet nun. Ich fühle mich ⬤ wohl/gut/zufrieden

⬤ erschöpft   ⬤ unzufrieden ⬤ ____________________

Was ist heute geschehen? ________________________

____

____

Was hätte ich besser machen können? ______________

____

Was war richtig toll heute? ______________________

____

____

Meine Erkenntnisse/was ändere ich ab morgen/demnächst ______

____

____

Alles in allem war es ein guter Tag, an den ich mich gern erinnere?

JA ⬤   es geht so ⬤   NEIN ⬤   ich bin glücklich ⬤

Datum ______________________   erledigt

Meine Aufgaben heute ____

____

____

Der Tag könnte mich überraschen mit

____

____

So beginne ich den Tag   ○ tolles Gefühl
○ gut gelaunt   ○ glücklich   ○ unwohl   ○ zufrieden

○ ________________________   ○ ________________________

Der Tag endet nun. Ich fühle mich   ○ wohl/gut/zufrieden
○ erschöpft   ○ unzufrieden   ○ ________________________

Was ist heute geschehen? ________________________________

____

____

____

Was hätte ich besser machen können? ____________________

____

Was war richtig toll heute? ____________________________

____

____

____

Meine Erkenntnisse/was ändere ich ab morgen/demnächst _______

____

____

Alles in allem war es ein guter Tag, an den ich mich gern erinnere?
JA ○   es geht so ○   NEIN ○   ich bin glücklich ○

Datum _________________

Meine Aufgaben heute ___________________________________

____

____

Der Tag könnte mich überraschen mit

____

____

So beginne ich den Tag   ● tolles Gefühl
● gut gelaunt   ● glücklich   ● unwohl   ● zufrieden

● _______________________   ● _______________________

Der Tag endet nun. Ich fühle mich   ● wohl/gut/zufrieden
● erschöpft   ● unzufrieden   ● _______________________

Was ist heute geschehen? _______________________________

____

____

____

Was hätte ich besser machen können? ___________________

____

Was war richtig toll heute? ____________________________

____

____

Meine Erkenntnisse/was ändere ich ab morgen/demnächst ______

____

____

Alles in allem war es ein guter Tag, an den ich mich gern erinnere?
JA ●   es geht so ●   NEIN ●   ich bin glücklich ●

Meine Aufgaben heute ________________________________
____
____

Der Tag könnte mich überraschen mit
____
____

So beginne ich den Tag   tolles Gefühl
gut gelaunt   glücklich   unwohl   zufrieden
_____________________   ______________________

Der Tag endet nun. Ich fühle mich   wohl/gut/zufrieden
erschöpft   unzufrieden   ______________________

Was ist heute geschehen? _______________________
____
____
____

Was hätte ich besser machen können? _______________
____

Was war richtig toll heute? ____________________
____
____
____

Meine Erkenntnisse/was ändere ich ab morgen/demnächst _______
____
____

Alles in allem war es ein guter Tag, an den ich mich gern erinnere?
JA   es geht so   NEIN   ich bin glücklich

Datum _______________

Meine Aufgaben heute _________________________________

____

____

Der Tag könnte mich überraschen mit

____

____

So beginne ich den Tag ⚪ tolles Gefühl
⚪ gut gelaunt ⚪ glücklich ⚪ unwohl ⚪ zufrieden
⚪ ____________________ ⚪ ____________________

Der Tag endet nun. Ich fühle mich ⚪ wohl/gut/zufrieden
⚪ erschöpft ⚪ unzufrieden ⚪ ____________________
Was ist heute geschehen? _________________________

____

____

____

Was hätte ich besser machen können? ______________

____

Was war richtig toll heute? _______________________

____

____

____

Meine Erkenntnisse/was ändere ich ab morgen/demnächst _______

____

____

Alles in allem war es ein guter Tag, an den ich mich gern erinnere?
JA ⚪ es geht so ⚪ NEIN ⚪ ich bin glücklich ⚪

Datum ______________________   erledigt

Meine Aufgaben heute ___________________________________

____

____

Der Tag könnte mich überraschen mit

____

____

So beginne ich den Tag   ○ tolles Gefühl
○ gut gelaunt   ○ glücklich   ○ unwohl   ○ zufrieden

○ _____________________   ○ _____________________

Der Tag endet nun. Ich fühle mich ○ wohl/gut/zufrieden
○ erschöpft   ○ unzufrieden   ○ _____________________

Was ist heute geschehen? _____________________________

____

____

Was hätte ich besser machen können? _________________________

____

Was war richtig toll heute? _________________________________

____

____

Meine Erkenntnisse/was ändere ich ab morgen/demnächst _______

____

Alles in allem war es ein guter Tag, an den ich mich gern erinnere?
JA ○   es geht so ○   NEIN ○   ich bin glücklich ○

Datum _____________

Meine Aufgaben heute _________________________________ ⚪

____ ⚪

____ ⚪

Der Tag könnte mich überraschen mit

____

____

So beginne ich den Tag ⚪ tolles Gefühl

⚪ gut gelaunt ⚪ glücklich ⚪ unwohl ⚪ zufrieden

⚪ _____________________ ⚪ _________________________

Der Tag endet nun. Ich fühle mich ⚪ wohl/gut/zufrieden

⚪ erschöpft ⚪ unzufrieden ⚪ ________________________

Was ist heute geschehen? _________________________________

____

____

____

Was hätte ich besser machen können? _______________________

____

Was war richtig toll heute? _______________________________

____

____

____

Meine Erkenntnisse/was ändere ich ab morgen/demnächst _______

____

____

Alles in allem war es ein guter Tag, an den ich mich gern erinnere?

JA ⚪ es geht so ⚪ NEIN ⚪ ich bin glücklich ⚪

Datum _______________   erledigt

Meine Aufgaben heute ____

____

____

Der Tag könnte mich überraschen mit

____

____

So beginne ich den Tag   ◯ tolles Gefühl
◯ gut gelaunt   ◯ glücklich   ◯ unwohl   ◯ zufrieden

◯ ______________________   ◯ ______________________

Der Tag endet nun. Ich fühle mich   ◯ wohl/gut/zufrieden
◯ erschöpft   ◯ unzufrieden   ◯ ______________________

Was ist heute geschehen? _________________________________

____

____

Was hätte ich besser machen können? _____________________

____

Was war richtig toll heute? ______________________________

____

____

Meine Erkenntnisse/was ändere ich ab morgen/demnächst _______

____

____

Alles in allem war es ein guter Tag, an den ich mich gern erinnere?

JA ◯   es geht so ◯   NEIN ◯   ich bin glücklich ◯

Datum ______________________

Meine Aufgaben heute ____

____

____

Der Tag könnte mich überraschen mit

____

____

So beginne ich den Tag   ● tolles Gefühl
● gut gelaunt   ● glücklich   ● unwohl   ● zufrieden

_______________________   ● _________________________________

Der Tag endet nun. Ich fühle mich   ● wohl/gut/zufrieden
● erschöpft   ● unzufrieden   ● _________________________________

Was ist heute geschehen? _________________________________

____

____

____

Was hätte ich besser machen können? _____________________________

____

Was war richtig toll heute? _____________________________________

____

____

____

Meine Erkenntnisse/was ändere ich ab morgen/demnächst ________

____

____

Alles in allem war es ein guter Tag, an den ich mich gern erinnere?
JA ●   es geht so ●   NEIN ●   ich bin glücklich ●

Datum ________________

Meine Aufgaben heute ________________________________

____

Der Tag könnte mich überraschen mit

____

____

So beginne ich den Tag ⬤ tolles Gefühl
⬤ gut gelaunt ⬤ glücklich ⬤ unwohl ⬤ zufrieden

⬤ ________________ ⬤ ________________

Der Tag endet nun. Ich fühle mich ⬤ wohl/gut/zufrieden
⬤ erschöpft ⬤ unzufrieden ⬤ ________________

Was ist heute geschehen? ________________

____

____

Was hätte ich besser machen können? ________________

Was war richtig toll heute? ________________

____

____

Meine Erkenntnisse/was ändere ich ab morgen/demnächst ______

____

Alles in allem war es ein guter Tag, an den ich mich gern erinnere?
JA ⬤ es geht so ⬤ NEIN ⬤ ich bin glücklich ⬤

Datum _________________

Meine Aufgaben heute ____

____

____

erledigt

Der Tag könnte mich überraschen mit

____

____

So beginne ich den Tag   tolles Gefühl
 gut gelaunt   glücklich   unwohl   zufrieden

 ____________________   ______________________________

Der Tag endet nun. Ich fühle mich   wohl/gut/zufrieden
 erschöpft   unzufrieden   ______________________________

Was ist heute geschehen? _____________________________________

____

____

____

Was hätte ich besser machen können? _________________________

____

Was war richtig toll heute? __________________________________

____

____

____

Meine Erkenntnisse/was ändere ich ab morgen/demnächst _______

____

____

Alles in allem war es ein guter Tag, an den ich mich gern erinnere?
JA   es geht so   NEIN   ich bin glücklich

Datum _________________

Meine Aufgaben heute ____

____

____

Der Tag könnte mich überraschen mit

____

____

So beginne ich den Tag   ● tolles Gefühl
● gut gelaunt   ● glücklich   ● unwohl   ● zufrieden
● _______________________   ● _______________________

Der Tag endet nun. Ich fühle mich ● wohl/gut/zufrieden
● erschöpft   ● unzufrieden ● _______________________
Was ist heute geschehen? ______________________________________

____

____

Was hätte ich besser machen können? __________________________

____

Was war richtig toll heute? ___________________________________

____

____

____

Meine Erkenntnisse/was ändere ich ab morgen/demnächst _______

____

____

Alles in allem war es ein guter Tag, an den ich mich gern erinnere?
JA ●   es geht so ●   NEIN ●   ich bin glücklich ●

Datum _________________

Meine Aufgaben heute ____

erledigt

____

____

Der Tag könnte mich überraschen mit

____

____

So beginne ich den Tag   ⬤ tolles Gefühl
⬤ gut gelaunt   ⬤ glücklich   ⬤ unwohl   ⬤ zufrieden

⬤ _______________   ⬤ _______________

Der Tag endet nun. Ich fühle mich   ⬤ wohl/gut/zufrieden
⬤ erschöpft   ⬤ unzufrieden   ⬤ _______________

Was ist heute geschehen? _______________________________

____

____

____

Was hätte ich besser machen können? _____________________

____

Was war richtig toll heute? _____________________________

____

____

____

Meine Erkenntnisse/was ändere ich ab morgen/demnächst _______

____

____

Alles in allem war es ein guter Tag, an den ich mich gern erinnere?
JA ⬤   es geht so ⬤   NEIN ⬤   ich bin glücklich ⬤

Datum _________________

Meine Aufgaben heute _________________________________

____

____

Der Tag könnte mich überraschen mit

____

____

So beginne ich den Tag ⬤ tolles Gefühl
⬤ gut gelaunt ⬤ glücklich ⬤ unwohl ⬤ zufrieden
⬤ _____________________ ⬤ _____________________

Der Tag endet nun. Ich fühle mich ⬤ wohl/gut/zufrieden
⬤ erschöpft ⬤ unzufrieden ⬤ _____________________

Was ist heute geschehen? _____________________

____

____

____

Was hätte ich besser machen können? _____________________

____

Was war richtig toll heute? _____________________

____

____

____

Meine Erkenntnisse/was ändere ich ab morgen/demnächst _______

____

____

Alles in allem war es ein guter Tag, an den ich mich gern erinnere?
JA ⬤   es geht so ⬤   NEIN ⬤   ich bin glücklich ⬤

Datum _______________

Meine Aufgaben heute ____

____

____

Der Tag könnte mich überraschen mit

____

____

So beginne ich den Tag   tolles Gefühl

gut gelaunt   glücklich   unwohl   zufrieden

_______________________   _______________________________

Der Tag endet nun. Ich fühle mich   wohl/gut/zufrieden

erschöpft   unzufrieden   _______________________________

Was ist heute geschehen? ______________________________________

____

____

____

Was hätte ich besser machen können? ___________________________

____

Was war richtig toll heute? ____________________________________

____

____

____

Meine Erkenntnisse/was ändere ich ab morgen/demnächst _________

____

____

Alles in allem war es ein guter Tag, an den ich mich gern erinnere?

JA   es geht so   NEIN   ich bin glücklich